CONTENTS

はじめに ……………………………………………………………… 2
年齢とともに、筋肉は固くなっていきます ……………………… 4
ストレッチのときに思う、
「だれかに引っ張ってほしい、押してほしい」を実現！ ……… 6

基本は4ポーズ。 フルコースの流れはこんな感じ ………… 8
1 片ひざに前屈するポーズ ……………………………… 10
2 扇のポーズ ……………………………………………… 12
3 片ひざでねじるポーズ ………………………………… 14
4 略式小鳩のポーズ ……………………………………… 16

Before&After the Bodywork
吉祥前屈のポーズ ………………………………………… 18
真珠貝のポーズ …………………………………………… 20

自然にやせる！
❶ タイプ別傾向と対策 ……………………………………… 22
❷ 悩み別傾向と対策 ………………………………………… 24
❸ ＋αで効果UP！ …………………………………………… 26

Q&A ………………………………………………………………… 28

KAORU's History ………………………………………………… 30
Challenge 01　食事制限なしでウエスト3cm減 ……………… 31
Challenge 02　10代からの筋肉太りが、2ヵ月で解消 ………… 32
Challenge 03　2ヵ月で体重−3kg、ウエスト−6cm。………… 33

「自分で整体ストラップ」ご使用上の注意 …………………… 35

くなっていきます —— KAORU

やせたいなら、まずは「からだを柔らかくする」こと。

整えて、身も心もスッキリな毎日を！

毎日頑張っている女性のからだ。筋肉にぎゅっと力が入り、姿勢が凝り固まったままになってしまっています。その状態でトレーニングに励んでも、美しくなるどころか、余計に固くなったり痛めてしまうことも。からだを変えたいなら、筋肉を柔らかくすることが先決です。整体のような"ほぐし効果"が得られるKAORU式で、まずはからだを"本来あるべき姿"へ戻してあげませんか。

姿勢が整い、からだが柔らかくなれば……

歩き方がダイナミックになる。運動量が増える。美しくやせる。むくみがとれる。疲れにくくなる。肩や腰の痛みがとれる。背中や下半身のシルエットが変わり、お腹は凹み、首はほっそり長くなる——。つまり不調というマイナス要素がなくなり、美しさというプラス要素が増える。若く見える人は、絶対、からだが柔らかいんです。

年齢とともに、筋肉は固

姿勢のくずれは体型のくずれ、姿勢の乱れは体調の乱れ

からだが柔らかくなると、心も柔らかくなる。フィットネス指導歴30年で得た真理です。からだが縮こまって固くなると、姿勢は悪くなり、ボディラインがくずれ、からだの痛みや精神的イライラにもつながります。反対に、からだがゆるめば呼吸が深くなる、体調が上向きになる、心もオープンになる。心とからだはつながっているから。だから、まずからだを柔らかくすること。

整えればこんなに柔軟！

からだが固くても、ひとりでできるのがKAORU式

ストラップを使う理由は第一に、正しい体勢でストレッチを行うため。第二に、ストラップで腰を支えることで、ひとりではできないポーズを可能にするため。「ひとり」という限界を、ストラップがとっぱらってくれるのです。一回試してみると、姿勢も歩き方も嘘みたいに変わるはず！　自分のからだを、自分で直すことができるのです。からだが柔らかい人も、ポーズを正しい体勢で行うためにストラップが有効。私自身も毎日使っています。

ストレッチのときに思う、「だれかに引っ張ってほしい、押してほしい」を実現！

このストラップがあなたのパーソナルトレーナーがわりに！

トレーニング中、私が支えてあげたい……という箇所を、かわりに支えてくれるのがこのストラップ。からだが固い人でも、難しいポーズがひとりでできるため、まるでふたりで行うような有意義なトレーニングが可能に！

The Self Bodywork Strap by KAORU

全長200㎝

薄手で丈夫、バックルなし。コンパクトなので旅先にも

一般的なヨガストラップと違いバックルがないので、固いバックルが当たって痛いということがありません。軽いポリエステル素材で、薄手のウェアや暑い夏でも快適。折りたたむと手のひらにすっぽり収まる携帯サイズです。

伸縮しない素材だから体勢が無理なく安定

ゴム製など伸縮性があるものだと、体勢が安定しないので、からだをラクにストラップに預けることができません。伸縮の反発で、逆に筋肉が縮んでしまい、無理が生じるなど危険なことも。KAORU式ストラップは伸縮性がないため、安心してお使いいただけます。

コースの流れはこんな感じ

片ひざに前屈するポーズ 1

まずは下半身の柔軟からスタート！

前屈のポーズです。ストラップで骨盤を支えながら行うことで、正しい姿勢でストレッチができ、腰まわりやももの裏側もくまなく伸ばすことができます。（P10-11）

扇のポーズ 2

扇A

美容効果の高い扇のポーズ。胸・肩・背中に

胸をじっくり大きく開くポーズです。パソコンやデスクワークで縮こまった肩を解放します。ストラップの支えがあるから、思い切り伸び上がれて気持ちいい！（P12）

扇B

わき腹から腕まで、ぐい〜んとストレッチ

扇Aのポーズからストラップはそのまま、上半身だけポーズをチェンジ。すねにかけたストラップを押すようにひざを伸ばし、からだの側面をストレッチします。（P13）

扇C

ももを伸ばして、下半身のむくみをクリア

扇Bからストラップの巻き方をチェンジして、伸ばしたひざに前屈するポーズへと早変わり。固くなりがちなももの内側や腰がよく伸びるのを感じられます。（P13）

1の前に行います！

Before the Bodywork

準備体操がわりに、状態をチェック

吉祥前屈のポーズ

からだの固さを記憶しておきましょう

基本の4ポーズの前後に行うのに適したポーズです。2ポーズとも、大きな筋肉を伸ばすのにいい、おすすめのポーズです。（P18-21）

真珠貝のポーズ

基本は4ポーズ。フル

略式小鳩のポーズ 4

小鳩A

あと一息！ 柔軟なからだに仕上げます

ヨガで難易度が高いとされる小鳩のポーズは、股関節や背中を柔軟にし、女性らしいくびれづくりに最適なポーズ。ストラップを使い、AとBの2段階で行います。(P16)

小鳩B

全身ストレッチでフィニッシュです

肩まわりと背中を柔軟にしながら、からだの側面をストレッチできるポーズ。腰のストラップを支えに、からだを起こして行いましょう(P17)。慣れれば1〜4で10分ほど。

片ひざでねじるポーズ 3

腰まわりをすっきり！ 血流もアップします

背中、お尻、胸が伸びるポーズ。上体を正しくひねることでマッサージのような効果があり、内臓の働きが活発に。ウエストのサイズダウンにも有効です。(P14-15)

4の後に行います！

After the Bodywork
どれくらい柔らかくなったかを確認

真珠貝のポーズ

吉祥前屈のポーズ

リラックス効果で身も心もクールダウン

前と比べてからだが柔らかく軽くなっていることを実感しましょう。仕上げに行うことで心身をオフモードに。どちらか1つでもOK。

1 片ひざに前屈するポーズ

Target [もも裏]

KAORU式は、ストラップで腰を正しい位置に支えながら行うため、ふつうは行き届かない、筋肉のすみずみまでストレッチできるのがメリット。固くなったハムストリング（もも裏）が伸び、一度で歩き方まで軽やかに！

ストラップで腰を支える基本のポーズから

左ひざを曲げて床に座り、足用ループを左足に装着します。ストラップを腰に回し、右足の土踏まずに引っかけて、左手を手用ループに。右ひざは軽く曲げてもOK。巻き終わったら、息を吸って腰を立てるように上にすっと伸びます。

爪先は真上

腰骨の高さが目安
腰骨をホールドするように巻きましょう。

土踏まずに通す
ひざを軽く曲げながら行うとラク。

手のループは3段階
ラクな姿勢がとれるところでOK。

上達したら足をつかんで

もも裏が伸びやすくなったら、あいているほうの手で足裏をつかみながら、ひざに頭をつけるように上体を倒してみましょう。ストレッチ効率がさらにアップします。

姿勢が悪いと効果がダウン

腰や背中が丸まっていないかチェック。伸ばした脚は爪先が外に向かないよう注意して。また、前屈のとき、ひざを曲げた側のお尻が床から離れるほど頑張らないで！

伸ばすのは **ココ！**

ゆっくり倒れながら もも裏を伸ばして

息を吐きながらゆっくりストラップを引き、頭をひざにつけるように前屈します。ストラップは腰に張りを感じるぐらいにキープ。手や肩に力が入らないよう、床に置いた手に寄りかかる感覚で。3回深呼吸。ストラップを放し、ゆっくりからだを起こします。反対側も同様に。

3回深呼吸

固い人は…

ひざを曲げてストレッチしてOK

もも裏が固い人は、ストラップを巻くときにひざを立てて行ってみて。前屈が苦手な人は、ストラップが腰をしっかり支えてくれるよう引き寄せながら、前傾しましょう。腰が逃げにくくなり、ストレッチの効果を上げることができます。

2 | 扇のポーズ

Target
[内もも・背中・胸・肩・体側]

最初のポーズからA→B→Cと進む「扇のポーズ」はボディメイク効果がNo.1！ 扇Aは背中や首・あごのラインが引き締まり、扇Bはウエストやわき腹に、扇Cはもも裏の固さに効いてきます。ストラップの巻き方は一度覚えれば簡単！ ぜひマスターして。

「固いひとは…」
これでもOK!
お尻が浮くのはNG。開脚を小さくして左右とも坐骨が床につく姿勢をとりましょう。ストレッチで手が後ろに回らない人は、背中に添えるか、床についてもOK。

3回深呼吸

扇A

天を仰ぐような気持ちでからだを大きく開く

❶～❸の要領でストラップを着け、右ひじを右ひざの側面につけます。息を吸って上に伸びたら、ポーズのスタート（写真上）。左手を背中から右もものつけ根へ回し、息を吐きながらゆっくり天井へ向けて胸を開きます。あごを天井へ向け、肩を開くよう意識して静止。3回深呼吸。

[ストラップの回し方]

❸ 全体的にゆるみがないようにストラップの張りを調整したら、自分に合う場所の手用ループに右手をイン。

❷ ストラップを左の腰骨→右の腰骨→右脚の内もも→ひざ裏→すねへと、順に回していきます。

❶ 右脚を無理のない程度に開いて、ひざを軽く立てて座ります。左脚はひざを曲げて、足用ループに通します。

扇B

わき腹に効く！からだの横曲げストレッチ

扇Aのポーズから左腕を上に上げ、息を吐きながら右に上体を倒すと同時に右ひざを伸ばします。腰のストラップにからだを預けるように意識したら、さらにからだを横に倒して静止。このまま3回深呼吸。動作はすべてゆっくりと行って。

3回深呼吸

「腰が立っている」ことを感じて

固い人は…

これでもOK!

からだを倒すとき、お尻が浮かないように注意。横に倒すのがキツければ、やや前方へ倒してもOK。伸ばしたひざを曲げるとさらにラクに行えます。

扇C

3回深呼吸

横にベターッと倒れましょう

からだを起こし、右脚に巻きつけたストラップを外したら、腰骨から足裏へ引っかけて、左手でホールドします。このときひざを軽く曲げてもOK。ストラップを引きながらストレッチします。息を吸って、吐きながら、ひざを伸ばすようにして上体を倒していきましょう。腰、背中、内もも、もも裏が伸びるのを感じて。3回深呼吸。

1回深呼吸

ストラップを放して、上半身を倒したまま正面へ移動してリラックス。このまま1回深呼吸。頭を最後に持ち上げるように、上体を起こします。最初に戻り、扇Aから、反対側も同様に行います。

3 片ひざでねじるポーズ

Target [背中・お尻・胸]

贅肉がなかなか落ちにくいお尻や背中は、ストラップで安定させてからだを大きくひねることで、高いエクササイズ効率を実現！外に張り出したヒップまわりもスッキリ。後ろ姿にも自信がつきます。

[ストラップの回し方]

❶ 片足をループに通す
両脚を伸ばして座り、ループを通す。

❷ 足裏が浮かないように
曲げた脚の足裏は常にべたっと床につけて。

❸ ひざを抱えてホールド
後ろに手をつき、からだを支えます。

上半身をひねりやすいようストラップで固定

両脚を伸ばして座り、左足に足用ループをかけたらひざを立ててクロス。ストラップは左脚のふくらはぎの外側からお腹の前→右の腰骨→左の腰骨へと回す。右腕で左ひざを抱えてストラップを短めにつかみ、ひざを胸に引き寄せるように姿勢を整えます。左手は後ろについて。

ストラップは、ひざの外側から、ももの前を通って、腰に回す

上半身を後ろにひねる
首は最後。痛めないよう少しでOK。

3回深呼吸

from ABOVE
上から見ると……

BACK
腰が支えられて……

大きくツイストできて背中まですっきり

息を吸って背筋を伸ばし、息を吐きながらツイスト。ストラップをぐっと引きながらお腹→胸→首とひねります。両方の坐骨に重心がのっているか、上体が伸びているかをチェック。ポーズが整ったら3回深呼吸。ストラップをゆるめて上体をゆっくり正面へ。反対側も同様に。

4 略式小鳩のポーズ

Target [もも前・体側]

ダイナミックな動きで、全身のめぐりがよくなるポーズです。デスクワークでカチカチに凝った肩や腕、背中、ヒールでパンパンになった太ももの前側にも効きます。

小鳩A 3回深呼吸

固い人は…
❸の姿勢から、足をつかんでお尻に引き寄せるようにします。意識して少し腰を反らせます。

伸ばすのはココ！

できる人はこれがベター

❶〜❸でストラップを装着したら、右ひざを曲げて右手で甲をつかみ（できる人は右手首を甲に引っかけて）、左手を左ひざの前につきます。右ひざを後ろにずらし、右脚のもも前→つけ根→お腹を伸ばします。3回深呼吸。

ストラップがあるからできる難易度高めのポーズ

[ストラップの回し方]

❶ 右脚は軽くひざを曲げて後ろへ。左脚はひざを曲げてかかとを引き寄せ、左足に足用ループをかけます。

❷ 腰を支えるため、左足に通したストラップを、左の腰骨から後ろを通って右の腰骨へと回します。

❸ お腹の前でクロスするように通し、ストラップを引っ張りながら左すねの下に挟みます。これで腰が安定。

小鳩B

3回深呼吸

腕が上がらない人はこれでもOK!

両手がバラバラでもOK。上の手はひじが上がるところまで、下の手は腰を支える程度でも効果あり。

伸ばすのは **ココ!**

体側がぐーっと伸びる！
気分まで上向きになるポーズ

小鳩Aで足をつかんでいた手を放し、❸の姿勢に戻ります。ストラップはそのまま腰を支えた状態。両手を頭の後ろで組みます。左手を上げ、右手を引っかけるように重ねて上体を反らしてストレッチ。目線は左ひじを見るように。静止して3回深呼吸。小鳩Aから反対側も行います。

Before & After the Bodywork Target [腰・股関節]

吉祥前屈のポーズ

基本4ポーズの前後に行って、からだの柔軟性をチェック。
ももの内側と裏側、股関節をゆるめる、ストレッチ効果も抜群です。
正しい姿勢をつくる土台となるので、習慣にすると全身が整います。

FRONT 正面から見ると……

無理のない範囲で、足をからだに引き寄せるようにしましょう。背筋と首はすっと上へ伸びて。

[ストラップの回し方]

① ② ③

固い人は…

足裏合わせが難しい場合は、脚をずらして座ります。ストラップを引っ張ると腰も安定。

あぐらをかくように背筋を伸ばしましょう

両足裏を合わせて座り、右足に足用ループをかけます（❶）。ストラップを右の腰骨から左の腰骨へと回して（❷）、両足の下に挟んで引っ張り、腰を立てて固定（❸）。両手で爪先をつかみます。これがスタートの体勢。

ぐーんと伸び上がるように反らします

息を大きく吸いながら、背骨をまっすぐに立てるイメージで上に向かって伸びましょう。腰と首が後ろに反りすぎないように注意。

3回深呼吸

息を吐きながらゆっくりと前屈します

足の下に挟んでいたストラップをはずし、息を吐きながら、ゆっくりと上体を倒します。はずした側の手でストラップを床にすべらせるように前へ引っ張るのがコツ。このまま3回深呼吸。上体を起こすときは、背骨を下から順に立たせ、頭を最後に起こすようにして。

Before & After the Bodywork
Target [腰・股関節]

真珠貝のポーズ

吉祥前屈のポーズから、少し変形するだけ。簡単ですが、からだのすみずみまで高いストレッチ効果をもたらすポーズです。基本4ポーズの前後で行うと、からだの柔らかさの変化にびっくり！

脚でひし形をつくって座りましょう

右足に足用ループを通し、足裏を合わせて長めのひし形になるように座ります（股を開きすぎないで！）。ストラップは右の腰骨から左へ回し、左足の親指に手用ループを引っかけます。腰がしっかり支えられるように、両方の足先でストラップにテンションをかけるのがポイント。ひじを伸ばし、ひざ下をつかんで。

左足の親指に手用ループを引っかけて、ストラップを固定します。

腰を伸ばして少しだけ上に反るように

息を大きく吸いながら、背筋を伸ばすような意識で、お尻から腰、背中をぐーっとゆっくり伸ばします。目線は天井を仰ぐように、無理のない程度に少し反るようなイメージです。ストラップが腰を支えてくれるのを感じて。

ふくらはぎの下から手を出すように前屈します

息を吐きながら、ゆっくり上体を前に倒します。手はふくらはぎの下を通るようにすべらせて（手のひらが上）。頭をかかとに近づけてリラックスしたら、3回深呼吸。背骨を下から立ち上げていきながら、頭を最後に起こします。

3回深呼吸

自然にやせる！
[❶タイプ別傾向と対策]

目指すのはこの形！

壁にもたれかかり、脚を前に伸ばして座ってみましょう。いい姿勢にしようと頑張ってはダメ！ 自分がリラックスできる体勢で座ったら、左の5つのポイントをチェック。この形に近ければ近いほど理想的です！

OK! 後頭部下部が壁につかない

OK! 肩甲骨が壁につく

OK! 腰が壁につかない

OK! お尻が壁につく

爪先が真っ直ぐ上を向く OK!

両方の坐骨を均等に床につけて

座った姿勢でチェックすると、からだのクセや改善点が一目瞭然！ たとえば、足先が外側を向いてしまう人は、内ももや鼠径部(そけいぶ)(もものつけ根)のコリが原因。知らず知らずからだに染みついて蓄積された「からだのクセ」を、日々こまめにリセットしてあるべき姿に戻していくのが、KAORU式メソッドです！

page10-11
片ひざに前屈
するポーズ
＋
page12
扇A

やせ型の人やパソコン作業で巻き肩（前肩）になっている可能性が大。胸を開くポーズや背中を伸ばすポーズを習慣に。首もスッキリ。

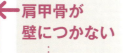← 肩甲骨が壁につかない

 **NG!**

page10-11
片ひざに前屈
するポーズ

← 腰が壁につく

腰が壁につくのは、猫背さんの特徴。腰を柔らかく保ち、背中をしなやかにキープするポーズを重点的に行うと、自然と美姿勢に。

page10-11
片ひざに前屈
するポーズ

← お尻が壁に
つかない

ももの裏側が固い、腰が凝っている、などが原因かも。腰痛防止にもおすすめのポーズを取り入れて、腰まわりを柔らかくキープ。

page12-13
扇ABC
＋
page14-15
片ひざで
ねじるポーズ

ストレートネックの人や首に力が入りやすい人に見られます。首や肩まわりを柔軟にするポーズを続ければ、肩＆首コリも解消！

← 後頭部下部が
壁につく

 **NG!**

page16
小鳩A

鼠径部や、ももの内側・外側など股関節まわりの筋肉が固くなっているかもしれません。下半身のコリをとるポーズが有効です。

← 爪先が外側に倒れる

自然にやせる!
[❷悩み別傾向と対策]

「ここを重点的に改善したい」「忙しいから自分に合うポーズだけやりたい」という声に応えて、細かいお悩みに対応するポーズをご紹介。自分のボディ悩みと照らし合わせてみましょう。理想のボディの大敵=「巻き肩」にも要注意! 立ち姿で「巻き肩」チェックをしてみて。

目指すのはこの形!

写真を比べて見てください。肩まわりの姿勢の違いだけで、左のほうが首が長く、顔はシャープに、二の腕は細く、脚も長く見えませんか? どちらも同じ、身長159cmの私です。巻き肩を直すだけで、ボディ印象も大幅アップ! ぜひ改善を。

手のひらがからだに沿う

現代人に多い巻き肩(前肩)をチェック

現代女性の9割、ともいわれる巻き肩。パソコンやスマホで前かがみの体勢をとりがちな現代人は、知らぬ間に「巻き肩」姿勢をクセづけています。手をぶらんと下ろして立ったとき、手のひらが横でなく後ろを向いていたら、巻き肩注意報!

手のひらが後ろを向く
↓

page12
扇A
+
page14
片ひざでねじるポーズ

巻き肩の解消には、胸を大きく開くポーズや、からだを後ろにひねるポーズを習慣に。よくない姿勢のクセを毎日きちんととれば直ります。

✅ **二重あご** page**12** 扇A やせていても、猫背や巻き肩の人に多いのが二重あご。肩や首がぎゅっと縮こまるクセを直せば、二重あごは自ずと解消されます。	✅ **小顔になりたい** page**12** 扇A もたついたフェイスラインの解消には、首の後ろのコリをとって、首を長く保つ姿勢をからだに記憶させること。扇Aのポーズを。	✅ **お腹がぽっこり** page**16-17** 略式小鳩のポーズ 座り姿勢が多いと腹直筋が縮まって固くなりがち。筋トレよりストレッチが有効です！腹筋の緊張をゆるめるポーズで代謝アップ。
✅ **猫背、姿勢が悪い** page**14-15** 片ひざでねじるポーズ 一日中よくない姿勢で過ごしてしまっている人は、夜にこのポーズを実践してからだのクセをリセット。数週間で美姿勢に変わります。	✅ **鎖骨を出したい** page**12** 扇A 肌露出の多い季節やドレスを着るシーンなど、女性らしい鎖骨を際立たせたい、というときは、胸を開く扇Aを意識して行えばOK！	✅ **首を長くしたい** page**12** 扇A まずは巻き肩や猫背などの姿勢改善から。首がすっと長く伸びた姿勢は、背が高くやせて見えるので、第一印象がにわかにチェンジ！
✅ **O脚**  page**20-21** 真珠貝のポーズ O脚の主たる原因はももの内側が固く、脚の外側ばかり使ってしまうから。ひざを伸ばすことを心がけて、真珠貝のポーズを実践。	✅ **腰痛** page**20-21** page**18-19** 真珠貝の　吉祥前屈 ポーズ　　のポーズ ヨガでも基本的な２つのポーズは、腰の筋肉を無理なく伸ばすので腰痛もちの人におすすめ。毎日行って腰痛軽減、ぎっくり腰を予防。	✅ **首こり、肩こり** + page**17** 小鳩B page**12-13** 扇ABC 現代病ともいえる首や肩のコリ。どのポーズもストレッチ効果が高く有効ですが、特にこの２つは頑固なコリにも効果テキメン！
✅ **不眠傾向、疲れやすい** page**14-15** 片ひざでねじるポーズ 自律神経と深い関わりがある脊柱のコンディショニングにいいポーズ。疲れやすい、くよくよしやすい人は、健康維持目的で続けて。	✅ **呼吸が浅い**  page**12-13** 扇AB 扇のポーズは、横隔膜を広げるのに効果的です。気持ちよく胸をオープンにして、心肺の機能を高めましょう。自律神経も整います。	✅ **X脚**  page**10-11** 片ひざに前屈するポーズ 伸ばしたひざが内側を向かないようストラップで矯正しながら行うのがポイント。真っ直ぐ正しい脚の状態を記憶させましょう。

自然にやせる！ [❸ +αで効果UP!]
テニスボールで、もっと美脚！

実はテニスボールは、下半身の歪みや筋肉のコリ、冷えの解消に最強のツール！
KAORU式整体の前にこのセルフケアを行うことで、
下半身がほぐれ、すべてのポーズがスムーズに行いやすくなります。
試しに左右どちらかだけ行って、歩いてみてください。
足が床にしっかりつく感覚や、歩幅が大きくなるのを感じられるはずです。

ひざ裏ともも裏の滞りをデトックス

老廃物が溜まったひざ裏や、座りっぱなしで固まったもも裏をケア。ひざ裏でボールを挟むように体重をかけ3秒静止。アキレス腱の手前まで、少しずつずらしていく。

ボールを転がして、足裏からリリース

まずは土台となる足裏から。ボールがすべりにくい床の上で、壁や柱につかまって行います。ボールを足裏の指先からかかとへ前後にコロコロ。小指から親指まで順に行って。

お尻をほぐして下半身をラクに

ボールをお尻のほっぺた（柔らかい部分）に。両手でからだを支えながら、前後左右に転がします。骨に当たらないように注意。腰痛や下半身のむくみに有効です。

ひざ下の歪み筋肉がターゲット！

正座で前に手をつき、ひざ下のやや外側にボールを配置。体重をかけて3秒静止。下にずらしながら足首手前まで行う。固くなったすねの筋肉がほぐれ、むくみや歪みが軽減！

正しく歩けば、もっと美やせ！

KAORU式整体を行うと、からだに染みついた姿勢や歩き方のクセ、筋肉の歪みなどがリリースされ、からだがほぐれて正しい姿勢に戻りやすい状態になります。日常生活から歩き方を変えることで、体型改善、体調改善に拍車をかけましょう。正しく美しい歩き方は、カロリー消費アップにもつながります。

階段の上り方で美脚が決まる!?

駅の階段は最高のエクササイズタイム！ 美脚＆ヒップアップにつなげましょう。階段には必ずかかとまでのせて、かかとで地面を押すように、お尻やもも裏を使う感覚で上ります。前かがみにならないよう、重心もチェック。

NG!
かかとをのせずに階段を上ると、もものつけ根を酷使するのでNG。ももの前側の筋肉が固く太くなります。

かかとまでのせます
爪先に重心がいかないよう意識して。

腕を後ろに大きく振ることを意識

大きな歩幅で歩くと腸腰筋が刺激され、ぽっこりお腹にも有効。目線をまっすぐに保ち、首や肩に力を入れずに歩きます。腕を後ろに大きく振るのがコツ。前傾になりにくく、胸が開いて、肩もラクに。

歩幅は大きく！
もものつけ根を後ろへ伸ばす意識で。

親指のつけ根を感じて
かかとから着地し、親指で地面を蹴る。

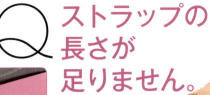

Q ストラップの長さが足りません。

身長や体型、からだの固さによっては、真珠貝のポーズをはじめ、いくつかのポーズでストラップの長さが足りなくなることも。そんなときは、バンダナやハンカチ、不要なネクタイやスカーフを活用。手用ループに、自分に合った長さの輪っかをつくって伸長しましょう。

Q&A

実際に始めてみると、「ここがわからない」「うまくいかない」などちょっとした疑問が出てくるもの。そんなときはこのページをチェック。KAORU式ストラップの体験者から、多く寄せられた質問をまとめました。

Q からだが固くて、腰が立ちません。

からだが固めの方は、厚みのある座布団や平らなクッションをお尻の下に敷いてみて（写真左）。座り姿勢がラクになります。行う場所は、絨毯や畳ならそのままで、フローリングの場合はヨガマットや厚めのバスタオル、ラグなどの敷物を。ベッドやマットレスはからだが沈んで適正な動作ができず、効果が出にくくなるのでおすすめしません。

Q 固いほうを重点的に行ったほうがいい?

からだに左右差があるのは当たり前。同じ動きでもやりやすいほう、やりにくいほうがあるものです。継続することでクセがとれ、自然と左右バランスは整ってきますので、固い側を重点的に行う必要はありません。ただ、どうしてもという場合は、やりにくいと感じる側から先に行い、反対側を行った後、もう一度やりにくい側を行うのがいいでしょう。ただし、あくまでも「イタ気持ちいい」を超えないように、無理は禁物! P26のテニスボールのケアを加えると、より効果がアップします。

Q 時間をかけるほどいい?

早く結果を出したいから、と動作の回数を増やしたり、ポーズを長く行うのはNG! 過度の動作によるオーバーストレッチは、筋肉を柔軟にするどころか、反対に使いすぎで固くしてしまうことも。慣れてきたら、基本の4ポーズで10分程度が目安です。結果があまり出ていない気がする……と感じる方は、呼吸が止まっていないか、変にからだに力が入っていないかをチェック。ゆっくりと深呼吸を行っているか、ストラップを握る手首や肩が力みすぎていないかなど、確認しながら進めましょう。

Q いつ、どれくらい行うのが効果的?

基本は一日1回、夜または朝に行います。朝行うと、就寝中に固くなったからだがほぐれて、日中のからだの可動域が広がります。夜の入浴後だとほぐれやすく、日中のコリや疲労のリリースに有効。それぞれに利点があるので、自分の生活パターンと相談して。ちなみにアクティブな一日が多い私は"朝派"。時間がないときは全ポーズできなくてもOK。大切なのは、とにかく毎日少しでもいいから続けること。余裕があるときは朝と夜の2回、忙しいときは週末だけでも。気負わず自分のペースで。

KAORU's History

現在55歳。
35年間、自分のからだに向き合い続けて

自己ベストボディ&メソッドを今も更新中!

1982年(20歳)
サーフィンに夢中だった頃。中高のバスケ部の名残で、太ももとヒップはパンパン。デニムサイズは31でした。

1987年(25歳)
前年のシングル入賞に続き、エアロビ全国大会のトリオ部門で優勝した頃。ムキムキ!

1993年(31歳)
産後は9kg増えて母らしい体つきに。毎日のヨガを習慣にするようになり、からだの不調が和らぐのを実感する。

2003年(41歳)
若年性更年期や股関節痛など、からだが悲鳴をあげ始める。エアロビからヨガ・ピラティスへの移行期。

「下半身を細くしたい!」その一心で飛び込んだエアロビクスが、フィットネス人生の始まりでした。そのとき私は18歳。でも毎日トレーニングに励んでも、下半身はちっともやせませんでした。その後出産し、肩や腰の不調改善のために始めたのがピラティスとヨガ。そのとき出会った6つのヨガのポーズのおかげで不調はすっかりなくなり、以来20年にわたって私のセルフケアの習慣になりました。でも、下半身はどうしてもやせなかったのです。46歳でエアロビをやめて渡米。本格的にピラティスを学ぶなかで「骨盤をまっすぐ立てる」「からだをリリースする」ことの大切さを知り、私に足りなかったのはこれだ!と一念発起。習慣にしてきたヨガのポーズにこの要素を取り入れるべく行き着いたのが、KAORU式ストラップでした。するとみるみる下半身がスリムになっていったのです! 何歳からでもからだは変わる。心身のコンディションは今がベストです。

Challenge 01

試してみました!

食事制限なしでウエスト3cm減。"体型のアンチエイジング"に見事成功!

武部恵子さん | 40代・会社員

ダイエット経験はほぼゼロ。体重よりも、年齢によるボディラインのくずれに対抗するのが目的。

もともとバランスがとれた体型の武部さん。でも本人的には「下半身やお腹まわりの脂肪が気になりはじめて。お酒も食事も楽しみたい派なので、ジムでもなかなか思うように落ちないのが悩みでした。凹凸のあるしなやかなからだが理想です」。このストラップをスタートすると、1週間で変化が!「首と肩のコリがなくなり、見た目も首がすっと長くなって、姿勢もよくなりました。短時間でできるのですぐに慣れて、毎日難なくこなせました」1ヵ月後には、腰や太ももの固さがとれたことで、お腹まわりの脂肪がぐんぐん落ち、さらにはヒップアップまで実現!上半身はすっきりとメリハリが出てきました。「体重よりも、サイズとシルエットの変化が大きいのがうれしい。タイトな服にも挑戦してみたいと思います!」

顔まわりスッキリ!

After Before

ウエスト −3cm!

全体的に下半身のボリュームがダウン!
ウエストのくびれと小顔効果にも注目

After Before

バストUP!

ヒップとバストがぐんと上向きに!
お腹ぺったんこ&脚長シルエットに

見た目の変化が、わりとすぐに出るのが励みに。何も我慢しなくていいので続けられます

2ヵ月でここまで柔軟に!

Challenge 02

試してみました!

10代からの筋肉太りが、2ヵ月で解消。パツパツだったデニムがはけるように!

酒井えりさん | 30代・事務職

部活動で培った、筋肉質のふくらはぎと太ももを細くするのが願い。何をしても三日坊主になるのが悩みの種。

「小学校からバスケ部で、気づけばふくらはぎや太ももはがっちり筋肉質。さらに最近は、猫背やお腹まわりなど、姿勢や体型の悩みも加わってきて。いかり肩も気になります」と酒井さん。「始めてすぐに気がついたのが、"肩の力が抜けた"こと。さらに2週間もすると、太もも部分がきつかったパンツに、シワが寄らなくなりました」 ほぼ毎晩、寝る前にするのが習慣。1週間後には、本を見ずにできるように。「簡単なので飽きっぽい私も続けられました(笑)。食事もお酒も変わらず摂っていたのに、こんなに変わるなんて自分がいちばん驚いています」もともと170cmと長身で大柄な印象だったのが、肩の力が抜けて猫背が直ったため、しなやかでリラックスした女性らしいシルエットに変化しました。

After 顔スッキリ!　Before

パンパンに張っていた太ももがすっきり!
お腹の贅肉もあっという間にダウン

After 首が長く! 姿勢改善!　Before

顔・首・胸の位置が改善して、背筋がピン!
ヒップもバストも上向きになり、腰痛も解消

からだが固いので最初は不格好でしたが(笑)、1週間ですっかり柔らかくなりました。

Challenge 03

試してみました!

2ヵ月で体重−3kg、ウエスト−6cm。固すぎるからだを克服して、体型改造!

井上野乃花さん | 50代・自営業

過去にあらゆるダイエットや呼吸法などにトライするも続かずに断念。もとは運動好きのアクティブ派。

「目標サイズは11号。ヒールの靴を履いても疲れずに歩けるようになりたい」と目標を立てた井上さん。床に座るのもキツいほどからだが固かったのが、地道に2ヵ月間ストラップを続けたことで、難易度の高い「略式小鳩のポーズ」（P16）もできるほど柔軟になりました。
「ストラップのサポートがあるので、からだが固くても苦じゃないんです。仕事が忙しく全工程できない日も、テニスボール（P26）だけは頑張って毎日続けました」努力の甲斐あり、からだが固い→運動不足→体重増加……という長年のスパイラルから見事脱却。食事制限なしで、なんと体重はマイナス3kg！
「長時間でも疲れずに歩けるようになり、娘とウィンドウショッピングを心ゆくまで楽しめるようになりました（笑）」

まったくできなかった前屈が、日々柔らかくなるのを実感。もう少しで床につきそう！

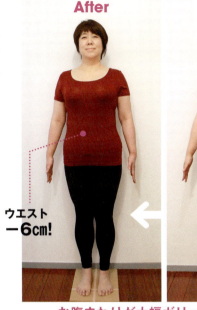

After / Before

ウエスト−6cm!

お腹まわりが大幅ボリュームダウン。お気に入りのパンツがぶかぶかに！

After / Before

姿勢改善!

ヒップUP!

ヒップ＆太ももがすっきり。重心が定まって、転びにくくなった！

パーソナルトレーナー
KAORU（かおる）
パーソナルトレーニングスタジオ
STUDIO Apro主宰

公式ホームページ
http://tsapro.co.jp/

KAORU Blog | Studio Apro
http://tsapro.co.jp/archives/category/blog/kaoru

instagram | kaoru.apro
www.instagram.com/kaoru.apro/

Staff
撮影　大坪尚人（本社写真部）
ヘア＆メイク　藤原美智子（LA DONNA）
編集協力　佐々木奈歩、T's Apro
ブックデザイン　小林昌子

女優やモデル、美容のプロなどから絶大な信頼を集める、予約のとれないカリスマトレーナー。マンツーマントレーニングの隠れ家スタジオSTUDIO Apro（アプロ）主宰。6歳からクラシックバレエを始め、学生時代はバスケットボール、18歳でエアロビクスと出会い、インストラクターとなる。1987年全日本エアロビクスチャンピオンシップトリオ部門で初代チャンピオンに。
その後、出産を機にあらゆる世代へのフィットネスプログラムの提供に興味を持ち、パーソナルトレーナーとしての活動を開始。ヨガ、ピラティスを学び、加圧トレーナーの資格も取得。
フィットネス指導歴30周年の2013年、ひとりひとりの"なりたい自分"実現をサポートするパーソナルトレーニングスタジオ「STUDIO Apro」を開設。本来あるべき場所に骨を戻す「リリース」をベースに、ヨガやピラティス、加圧などを組み合わせた独自のKAORUメソッドを追求。日々凝り固まってしまう筋肉をゆるめ、柔軟にすることで、からだのクセを自然に直し、その人本来の美しさを引き出す。『美と健康』の生涯サポーターを誓う55歳。

講談社の実用BOOK

1日5分で からだが柔らかくなる！ 自然にやせる！
自分で整体ストラップ
2017年5月15日 第1刷発行

著者　KAORU
©KAORU 2017, Printed in Japan

発行者　鈴木　哲
発行所　株式会社 講談社　〒112-8001　東京都文京区音羽2-12-21
　　　　電話　編集　03-5395-3529
　　　　　　　販売　03-5395-3606
　　　　　　　業務　03-5395-3615

印刷所・製本所　大日本印刷株式会社

価格はカバーに表示してあります。落丁本・乱丁本は購入書店名を明記のうえ、小社業務あてにお送りください。送料小社負担にてお取り替えいたします。なお、この本についてのお問い合わせは、生活文化部 第二あてにお願いいたします。
本書のコピー、スキャン、デジタル化等の無断複製は、著作権法上での例外を除き禁じられています。本書を代行業者等の第三者に依頼してスキャンやデジタル化することは、たとえ個人や家庭内の利用でも著作権法違反です。

ISBN978-4-06-299867-3